Ulrich Schaffer Wege in die Weite

Ulrich Schaffer

Wege in die Weite

Edition Schaffer im Kreuz Verlag

Wege in die Weite

Das Leben lädt uns ein in die Weite. Es gibt eine fast unendliche Zahl von Wegen, die wir gehen können. Auf jedem gelangen wir in eine andere Wirklichkeit. Manchmal finden wir nicht in diese Weite, weil wir im "Material" steckenbleiben - im Anfaßbaren, im Sichtbaren, im Gehörten und Vordergründigen. Sicher hat auch das Vordergründige seinen Wert, aber vielleicht wird es durch das Geheimnis, das es in sich trägt, noch wertvoller, weil es uns hinüberhilft in die Welt, die jenseits des Anfaßbaren und Verstehbaren liegt. Wir entdecken den Gleichnischarakter der Welt.

Wenn wir alles, was wir verstehen und begreifen, als einen Kreis um uns herum verstehen, dann ist der Rand dieses Kreises die Berührung mit dem Unverständlichen und Unbegreifbaren. Je größer der Kreis wird, desto länger wird sein Rand, der auf das Unverstehbare stößt. Das Mysterium in uns und um uns ist groß.

Es gehört für mich dazu, meine Gedanken zu entgrenzen, nicht mehr Barrieren aufzuwerfen, sondern all die Geheimnisse, denen ich immer wieder begegne, als miteinander verwandt zu verstehen. Ich will mich der Dimension öffnen, die mich weiter und reifer macht.

Was wir sehen,
ist nur die Hülle.
Dahinter steckt die Quelle des Lebens.
Wir haben uns lange betrügen lassen
durch den Glauben,
daß die Wirklichkeit faßbar sei
und aus Dingen bestehe,
die sich messen ließen.

Um leben zu können,
tief und erfüllt,
müssen wir Zugang finden
zu der Wahrheit,
die hinter der faßbaren Wirklichkeit liegt.

Ich bin Geist.
Ich bin grenzenlos und zeitlos.
Mich eingegrenzt zu denken heißt,
daß ich mich von mir selbst abkehre.

Ich lasse mich nicht festlegen
und werde immer mehr sein,
als sogar ich selbst von mir verstehe.
Mein Geist ist Teil des Unendlichen,
des Ewigen und Göttlichen.
Alles andere ist Kurzsichtigkeit.

Was dich und mich
zu den Menschen gemacht hat,
die wir heute sind,
ist unsichtbar,
und doch ist die Gegenwart
nicht ohne unsere persönliche Geschichte
zu denken oder zu verstehen.

Fast unzählige Begegnungen
haben ihren Eindruck hinterlassen,
unberechenbare Kräfte haben uns geformt.

Darum will ich,
wenn ich an dich denke,
immer das Unfaßbare, das Unverständliche
und Kosmische mitdenken und mithören,
und ich hoffe,
daß du auch bei mir spürst,
daß ich aus Stoff bestehe,
den keine naturwissenschaftliche Methode
erfassen kann.

Vielleicht beschreibt nichts so deutlich,
wer wir sind, wie das Geheimnis,
das in uns allen wichtig ist.
Nicht die Geheimnisse,
die wir voreinander haben,
sondern unsere Unauslotbarkeit,
unsere Grenzenlosigkeit, die Weite unseres Wesens,
die Überraschungen, die in uns stecken
und mit denen wir sogar uns selbst überraschen,
unsere Sehnsucht nach dem Unnennbaren,
unser Forschen nach Sinn.
Sie geben uns unsere innere Gestalt,
sie beschreiben uns besser
als viele Worte und Theorien.

Versteh dich nicht als fertig,
als voraussagbar und verfügbar.
Erinnere dich an deine wilde Seite,
an deine Träume, an die unfaßbaren Wahrheiten,
die du stärker gefühlt als gewußt hast.
Und denke auch so an mich.
Auch ich bin mehr,
als du zu irgendeiner Zeit von mir siehst.

Ich atme Atome ein,
die du vor vier Wochen ausgeatmet hast.
In meinen Zellen abgelagert findest du Material,
das aus dem Regenwald Brasiliens stammt.
Noch gestern war ich ein anderer,
bis hinein in meine Zellen,
weil sich mein ganzer Körper stetig verwandelt:
Alle drei Monate erneuere ich mein Skelett,
meine inneren Organe werden bis in ihre Atome
alle vier Wochen neu.
Jeden Monat wächst mir eine neue Haut.
Meiner Erinnerung füge ich jeden Tag
neue Erlebnisse hinzu.
Ich bin im Fluß,
du begegnest mir nie zweimal.
Schnell bin ich schon wieder ein anderer.

Auf der Ebene der Zellen teile ich die Welt mit dir.
Wir sind mehr als Brüder und Schwestern,
wir sind Stoff von demselben Stoff,
Geist von demselben Geist,
Gedankensplitter von dem einen großen Gedanken,
aus dem Leben entsteht,
endlos und zeitlos.

Arm sind wir
und sind doch angeschlossen
an unfaßbare Reichtümer.
Durch unsere Augen
fällt die ganze sichtbare Welt in uns hinein
und öffnet uns für das Unsichtbare.
Was wir mit unserer Haut fühlen,
gelangt ohne Umwege in unsere Seele
und verwandelt uns.
In allem, was wir hören, schwingt immer
die Stille der Ewigkeit mit.

Arm sind wir,
weil uns nichts auf ewig gehört,
und doch können wir allem
mit der Leidenschaft unserer Liebe begegnen,
es uns vertraut machen
und gesegnet werden durch die Begegnung.

Arm sind nur die,
die mit ihrem inneren Auge blind geworden sind,
die nicht mehr in der Liebe
die höchste Kraft im Leben sehen
und die vergessen haben, daß alles Faßbare
nur ein Gleichnis für das Unfaßbare ist.

Was du heilst,
heilt in den Wunden der Welt.
Was du liebst, ist geliebt
unter den Vernachlässigungen
in den vier Himmelsrichtungen.
Was du erhebst,
ist erhoben von der Erde
bis in den Himmel.
Was du hörst,
gibt dem Sprachlosen Sprache
in den Niederungen des Leids.

Was du allein bist,
bist du mit allen.
Was du wirkst,
wirkt um die ganze Welt.

Keine deiner Handlungen geht verloren,
alles, was du tust,
verändert Fiber und Faser des Seins,
und was in der Welt geschieht,
geschieht an dir.

*Du hast eingeleitet, was dir begegnet.
Mit einer inneren Weisheit weißt du,
was dir fehlt, und beschaffst es dir.
Nenne es deinen Selbsterhaltungstrieb
oder deine Sehnsucht nach Leben;
verstehe es als Geschenk von Gott
oder als Resultat deiner Evolution;
fest steht, daß du angeschlossen bist
an den Fluß des Lebens.*

*Entdeckst du,
warum dir dieser und jene begegnet
und was du dir sagen wolltest
mit jenem Unglück und dieser Entdeckung?
Verstehst du,
daß dein Leben genau die Form hat,
die du brauchst, um zu wachsen
und um das zu lernen, was dir fehlt?*

Es gibt Momente,
die tragen uns davon in das nur Geahnte,
in die innere lebhafte Bewegung,
in das Geistdurchtränkte des Lebens,
in eine ferne Wirklichkeit,
in die Welt der geheimnisvollen Zusammenhänge,
und bringen uns doch mehr zu uns selbst
als Monate der Selbstreflexion.
Sie greifen hinein in unser Leben
und reißen uns aus dem Trott,
in dem wir uns nicht mehr erneuern.

In ihnen entstehen Einsicht und Weisheit,
und sie beschenken uns mit einer Perspektive,
in der die Dinge zueinander stehen
wie sich liebende Menschen.
Wir schaffen diese Momente
durch unsere Bereitschaft für sie
und unseren Glauben an sie.
Mit unserer Aufmerksamkeit beten wir sie herbei,
durch unsere Beweglichkeit können sie uns bewegen,
durch unsere Stille können wir sie hören.

Mut öffnet uns die Augen,
und öffnen wir erst die Augen,
spüren wir unsere eigene Seele.
So sehen wir im Sandkorn das Wunder,
in den einfachen Kieseln am Flußufer
wird das Muster unseres Lebens sichtbar.
Der Grashalm, der für andere nur Unkraut ist,
wird uns zu einer Offenbarung,
und in der Wildheit der Tiere
ahnen wir unsere eigene Ursprünglichkeit.

Der Moment tut sich auf
und wird Tür zu einer Welt,
die uns schon immer zu Füßen gelegen hat,
die wir nur nicht gesehen haben.

Wir sehen und werden im gleichen Moment
von der Welt wahrgenommen.
Unser Auge sieht sich selbst in den Dingen
und ist viel mehr als nur Linse und Netzhaut.

Was ich sehe,
wird dir deutlich.
Ich füge meine Sicht
zur Weisheit der Welt hinzu.

Und was du siehst,
wird Wissen in mir,
in dem Wunder des Teilens.

Deutlich wird,
was verschwommen war,
wenn das Herz zum Auge wird.

Wege des Handelns werden sichtbar,
wenn das Herz sich öffnet.

In uns gibt es Wege, die begangen,
und Gedanken, die gedacht werden wollen.
Manche Worte müssen wir sagen
und andere verschweigen,
wenn wir reifen wollen.

Wir sind wie Skulpturen,
die noch in einem großen Felsblock gefangen sind.
Ein Bildhauer muß uns von dem Stein befreien.
Endlich nehmen wir die Gestalt an,
die wir schon lange in uns gespürt haben.
Nun sind wir befreit,
die Bewegungen auszuführen,
die unserem Glauben entsprechen.

Geheimnisvoll ist der Weg
eines jeden Menschen.

Abseits, in einer der Buchten
in Baja California,
fand ich den kleinen Schädel
eines Seehundes,
von der Sonne blendend weiß gebleicht.
Seine Schönheit,
zwischen den blauen und roten Steinen,
war groß.
Nicht weit davon lag der große Körper eines Delphins,
vom Meer angespült, in halber Verwesung.

Durch ein Meer von lila Lupinen
hatte ich meinen Weg zum Strand gemacht.
In der Ferne lag die unbewohnte Isla Encantada,
die verzauberte Insel, im blauen Meer.

Jetzt liegt der kleine Schädel hier,
zwischen allem, was vergänglich ist.
Und am Campo los Delfines ist es jetzt so heiß, daß
die Steine nicht begehbar sind.

In diesen Bildern liegt heute alles,
was ich wissen muß und wissen kann.
Und es ist genug.

Ich weiß nicht,
ob und wie ich die Welt verändere.
Ich kenne nicht die Kraft
und die Grenzen meiner Ausstrahlung.
Im Glauben an das Leben und seine Weisheit
gehe ich auf der dünnen Kruste der Erde
und hoffe, mehr aufzubauen,
als ich zerstöre.

Mit meinen Gedanken,
mit meiner Intuition
und meinem Empfinden
versuche ich zu erahnen,
wo mein Platz ist
im Zauber der Dinge.

Ich ahne die Weite,
die mich umgibt.
Ich ahne die Weite,
aus der ich komme
und in die ich gehe.

Manchmal
ist nur der eine Wunsch übrig.
Auf einem Felsen
am Meer zu sitzen,
von allem verlassen
und nur noch heimgesucht
von der Treue der Gezeiten.

So allein zu sein,
daß alles zu mir kommen
und mich ansehen kann -
die undenkbaren Gedanken,
die scheuen Fabelwesen,
die Menschen in ihrer Not,
die verdrängten Ängste,
der Sinn inmitten der Sinnlosigkeit,
das unaussprechliche Glück -

und ich allem begegnen kann,
weil ich mich losgelassen habe.

Auf dem Hintergrund
einer uferlosen Stille
höre ich eine Musik,
in der die Welt
zu einem klingenden Körper wird.
Die Farben der Töne
zittern durch mich hindurch,
lassen meine Zellen mitschwingen
und mein Blut summen.

Aber plötzlich
ist mir die Musik zuviel.
In der Gestalt der Stille
habe ich mehr Platz
zu zerbrechen.
Wie die Stücke
einer hellen Keramikvase
falle ich in den dunklen
Hintergrund hinein,
geheilt im Bruch.

Was nützt alles Sehen,
wenn wir dabei nicht erkennen?
Was hilft alles Erkennen,
wenn wir uns dabei nicht
zu erkennen geben?
Wohin führt es, zu erkennen
und sich erkennen zu lassen,
wenn wir dabei nicht lieben?

Alles Lieben öffnet uns
für das Unaussprechliche.
Mitten in der Härte des Alltäglichen
entsteht eine Insel, auf der wir leben können.

Unsichtbar ist die Kraft,
die wir Leben nennen,
sie ist unter kein Mikroskop
und vor kein Teleskop zu bekommen.
Wir können unseren Körper nachbilden,
seine Chemie und Mechanik,
und doch wird er nicht leben.
Es fehlt der Atem.

Je offener unsere Augen sind,
desto mehr merken wir,
daß es beim Sehen
nicht um die Augen geht.
Die Augen öffnen die Seele und den Geist
für die innere Beteiligung
und gläubige Zuwendung.
Über der sichtbaren Welt
ahnen wir die unsichtbare,

und unsere Lunge füllt sich
mit dem uralten Hauch Lebens.

Wenn der Abend
sich in Sanftheit über den Wald legt,
das Licht sich scheu zurücknimmt
und ich nur noch die große Gegenwart habe,
diese unfaßbare Nähe der ganzen Welt,
wenn das Bekannte mir unwichtig wird
und ich mich nur ungenau erinnere
an die Einzelheiten meines Lebens,
in denen ich klein bleibe,

dann tun sich die Türen
der Wahrnehmung auf,
und so wie ich in diese andere Welt eintrete,
so durchdringt sie mich,
und ich kehre heim.
In diesen Momenten
weiß ich mehr, als ich weiß,
und bin lebendiger
als in irgendeinem Übermut.
Und wenn ich nur diese Minuten lebte,
es hätte sich gelohnt.

Zu den Fotos

Umschlag: Morgenlicht über Tioga Lake, östliche Sierra, California.

Vorsatzpapier: Herbstfärbung, Vancouver, British Columbia, Kanada.

7 Elefantenbaum (Bursera microphylla) nach Sonnenuntergang. Das blaue Licht, das auf allem lag, zog mich an. Diese Bäume sind gewöhnlich klein. Aber auch wenn sie nur einige Meter hoch sind, sind sie doch meistens schon recht dick. Ihre Rinde erinnert an Elefantenhaut. Vizcaiño Wüste, Baja California, Mexico.

9 Erster Schnee in den Rockies, Glacier National Park, Montana, USA.

11 Eiche im Grasland des Vorgebirges, Mariposa County, California, USA.

13 Brittlebush (Encelia farinosa) vor einem Lavaturm, in der Pinacate Wüste, in Baja California, Mexico.

15 Zierkirschen, Vancouver, British Columbia, Kanada.

17 Eine Art Kornblume, am Waldrand hinter unserem Haus in Burnaby, British Columbia, Kanada.

19 Bristlecone Pine (Pinus longaeva) in den White Mountains, California, USA. Diese Bäume gehören zu den ältesten Lebewesen auf dem Planeten. Einige sind über viertausend Jahre alt. Bristlecone Pines wachsen nur in Bereichen über dreitausend Meter über dem Meeresspiegel.

21 Aufgehende Sonne auf einem Elefantenbaum (Bursera microphylla) mit Mond, Vizcaiño Wüste, Baja California, Mexico.

24/25 Aprilschnee im Bryce Canyon, Utah, USA. Ich verbinde diese Wüstenlandschaft mit Trockenheit und Hitze, da sie aber auf fast 3000 Meter Höhe liegt, gibt es auch Niederschläge, die bei der Erosion mithelfen.

27 Sonnenaufgang in der Gegend von Volcan las Tres Virgenes, Cardonkaktus und Elefantenbaum im Hintergrund, Baja California, Mexico.

29 Kiefer im Long Canyon, bei Boulder, Utah, USA.

31 Blick auf den Golf von California von Baja California aus, in der Nähe von Puertecitos, Mexico.

33 Licht der untergehenden Sonne auf Dünengräsern, an der Küste von Oregon, USA.

35 Sonnenuntergang über Vancouver Island, von Vancouver aus, British Columbia, Kanada.

37 Iceberg Lake, Glacier National Park, Montana, USA.

39 Indian Paintbrush (Castilleja affinis), im Zion National Park, Utah, USA.

41 Spiegelung im Canyon des Escalante Flusses, bei Escalante, Utah, USA. Hier treten natürliche Öle aus dem Boden und färben das Wasser blau.

42/43 Mit Brittlebush (Encelia farinosa) bewachsene Hügel in der Vizcaíno Wüste, Baja California Sur, Mexico.

45 Neuschnee in den Rockies im Glacier National Park, Montana, USA.

Einen Sinn finden

Unsere Zeit ist gekennzeichnet durch eine Konzentration auf das Negative. Die Medien überschlagen sich, uns das Kaputte und Entleerte zu präsentieren. Bei vielen herrscht eine Hoffnungslosigkeit, die bis in die kleinsten Regungen reicht. Vieles ist angefressen von einer Skepsis, die nichts mehr ernst nimmt und unsere Fähigkeit, zu vertrauen, nur belächelt. Viele scheinen keine Werte zu haben, für die es sich zu leben lohnt. Die Institutionen, in denen wir uns entfaltet haben, sind durch viele Enttäuschungen unglaubwürdig geworden. Ein aggressiver und oft brutaler Ton hat sich unter uns breitgemacht.

Aber so können wir nicht leben, nicht auf Dauer. So höhlen wir uns selbst aus. Viele suchen Zuwendung, erfüllte Werte, spirituelle Zusammenhänge, um leben zu können. Diese Suche möchte ich mit dieser Buchserie unterstützen. In Texten und Bildern und in der ganzen Aufmachung will ich versuchen, Mut zu machen, einen Sinn zu finden, Werte zu setzen, sich zu öffnen für die vielen Wunder, die es in uns und um uns gibt. So wie es große Wut und Zerstörung gibt, so gibt es auch Liebe und Sanftmut. Für jeden Mörder, von dem wir hören, gibt es hundert oder gar tausend Menschen, die in ihrer Liebe, Opferbereitschaft und Zartheit über sich selbst hinauswachsen und Leben schaffen. Auch das ist eine Wirklichkeit dieser Welt, die wir aktiv verstärken können.

Weitere Bände dieser Reihe

Du bist einzigartig

Fast überall auf dem Planeten gibt es uns Menschen. Wir werden abgezählt, Gruppen zugeordnet, hochgerechnet. Dabei ist jeder von uns einzigartig. Wie finden wir zu uns selbst und zueinander?

Erinnere dich an deine Kraft

Wir alle haben „Zeiten der Kraft" erlebt, Momente, in denen wir über uns selbst hinausgewachsen sind und einen Weg gefunden haben. Wie können wir uns an die Quellen der Kraft erinnern?

Was uns verbindet

Viele Menschen fühlen sich allein und verlassen. Oft sehen wir aber die Beziehungen, in denen wir stehen und die sich darüber hinaus anbieten, einfach nicht. Wie können wir sie erleben und den Reichtum, den sie bieten, erschließen?

Wege in die Weite

Das Leben lädt uns ein in die Weite. Es gibt eine fast unendliche Zahl von Wegen, die wir gehen können. Wie finden wir Zugang zu der Wahrheit, die hinter der faßbaren, vordergründigen Wirklichkeit liegt?

Ulrich Schaffer

Ich wurde 1942 in Pommern geboren. Nach dem Krieg wohnte unsere Familie bei Bremen, bis wir 1953 nach Kanada auswanderten. Wir wohnten zuerst in der Prärie Albertas und zogen 1955 in den Norden von British Columbia. Dort ging ich zur Oberschule, in einem Ort, umgeben von Wildnis. Dieses Erlebnis von ursprünglicher Landschaft wurde zu einem wichtigen Bestandteil meines Lebens. Immer wieder zieht es mich zurück in Landschaft, die menschenarm ist.

Von 1961 bis 1970 studierte ich deutsche und englische Literatur und arbeitete anschließend als Dozent an einem College bei Vancouver. Seit 1981 bin ich freier Schriftsteller und Fotograf. Mich reizt es immer wieder, Wort und Bild zusammenzubringen. Schreiben und Fotografieren ist für mich eine Orientierungshilfe. Ich schreibe über das, was mir wichtig ist und was ich selbst lernen will. Ich schreibe darum nicht aus einer Abgeklärtheit, sondern als ein Beteiligter, als jemand, der seinen Weg sucht und sich auf diesem Weg mit anderen verbunden fühlt. Seit 1965 bin ich mit Waltraud verheiratet. Wir haben zwei erwachsene Töchter, Kira und Zilya. Vieles in meinem Leben entsteht auf dem Hintergrund dieser und anderer Beziehungen.

Die Deutsche Bibliothek - CIP-Einheitsaufnahme

Schaffer, Ulrich:
Wege in die Weite / Ulrich Schaffer. - Stuttgart: Ed. Schaffer
im Kreuz-Verl., 1996
ISBN 3-7831-1470-5

4 5 99 98 97

Postfach 80 06 69, 70506 Stuttgart, Tel.: 0711 / 78 80 30
Texte, Fotos und Gestaltung: Ulrich Schaffer
Aquarellierte Initiale
und graphische Beratung: Friedrich Peter
Umschlag: Friedrich Peter und Ulrich Schaffer
Layout: Ulrich Schaffer, unter Verwendung
des Software-Programms QuarkXPress
Autorenfoto: Jack Dykinga
Schrift: Galliard
Reproduktionen: GRS, Ludwigsburg
Merkur-Druck Mayer, Ostfildern
ISBN 3-7831-1470-5